Rosane Villela   ilustrado por Luiz Maia

Apanhando a lua...

Dados Internacionais de Catalogação na Publicação (CIP)
(Câmara Brasileira do Livro, SP, Brasil)

Villela, Rosane
    Apanhando a lua... / Rosane Villela ; ilustrações Luiz Maia. – 1. ed. – São
Paulo : Paulinas, 2008 – (Coleção contos no ponto)

    ISBN 978-85-356-0646-1

    1. Literatura infantojuvenil I. Maia, Luiz. II. Título. III. Série.

08-08087   CDD-028.5

Índices para catálogo sistemático:

1. Literatura juvenil   028.5
2. Literatura infantojuvenil   028.5

2ª edição – 2009

Direção-geral: *Flávia Reginatto*
Editora responsável: *Maria Alexandre de Oliveira*
Assistente de edição: *Rosane Aparecida da Silva*
Copidesque: *Mônica Elaine G. S. da Costa*
Revisão: *Ruth Mitzuie Kluska*
Direção de arte: *Irma Cipriani*
Gerente de produção: *Felício Calegaro Neto*
Produção de arte: *Telma Custódio*

Este texto segue o *Acordo Ortográfico*
da Língua Portuguesa (1990).

Nenhuma parte desta obra pode ser reproduzida ou transmitida por
qualquer forma e/ou quaisquer meios (eletrônico ou mecânico, in-
cluindo fotocópia e gravação) ou arquivada em qualquer sistema ou
banco de dados sem permissão escrita da Editora. Direitos reservados.

Paulinas
Rua Dona Inácia Uchoa, 62
04110-020 – São Paulo – SP (Brasil)
Tel.: (11) 2125-3500
http://www.paulinas.org.br – editora@paulinas.com.br
Telemarketing e SAC: 0800-7010081
© Pia Sociedade Filhas de São Paulo – São Paulo, 2008

Aos meus pais, Elza Maria e Rozendo,
por terem me possibilitado os meios
para que o meu olhar
nunca perdesse a ternura.

Tem uma folha,
um favo de mel,
um suspiro voando.

Tem um risco,
um fado de lua,
um nariz só olhando.

Tem até o até,
o além de tudo,
e o mais do mais...

Sumário

10 O pescador de histórias

A velha e o menino 16

22 A sombra e a menina

A dona dos bobes no cabelo 28

36 As bonecas

Ele calçava lâmpadas 42

46 Olhos que nos espiam

Um pedido de lágrima 50

54 Pássaros azuis

O menino que tinha o mar
dentro de si 58

70 História desejada

Obra de Rosane Villela

Apanhando a lua…

Obra de Rosane Villela

O pescador de histórias

Quem é o menino triste
que, do balão, me acena,
sua flâmula me pescando a emoção?
Será visão de nuvem que me encanta,
ou um algo mais em qualquer outra versão?

Parece personagem de história
que me sonda para a sua solução,
mas penso que não poderei desvendá-la,
pois meu ainda não é o seu coração.

Pergunto para ele o que faz
e, para meu espanto, ele responde assim:
"Do amor, pescador eu sou.
E procuro um alguém
para alaranjar a minha dor".

"Alaranjar a sua dor?
Menino, o que faz comigo?

Quer me rasgar em sua confusão?
A dor nunca alaranja,
mesmo quando dormindo,
onde foi que ouviu esta explicação?"

Ele nem me olha,
e um silêncio amarrota a nossa história...

Não sei o que dizer, nem o que fazer,
mas sinto uma dor,
que nem sei de onde vem.

Toco no menino, e ele se vira para mim.
Depois, desconfiado,
fala num tom bem chateado:

"Explicação eu nunca ouvi nem dela preciso.
Você não vê que, aqui, eu posso tudo?
Até soltar-me deste balão

Obra de Rosane Villela

e ser atropelado por quem não me queira,
sem sofrer nenhum arranhão?".

"Por favor, não faça isso!",
apavorada eu lhe digo.
"Sinto que é o meu amor
que vai tirar a sua dor."

O papel agita e a nuvem se desfaz.
Mas o menino, com um outro brilho no olhar,
continua a querer me desafiar.

"Minha dor você só vencerá,
se, nesta história, até o fim, você ficar.
Salta comigo!"

Não há tempo para pensar.
À beira de pular, ele está.

Não quero perdê-lo.
Preciso, com ele, saltar.

Juntos, voamos.

A página final mostra,
então, como nos amamos:

ela toda alaranja
e somos um só coração.
Poema, história encantada,
bela ilusão.

Obra de Rosane Villela

Apanhando a lua...

Obra de Rosane Villela

A velha e o menino

"ão. Não tem mesmo. No mundo inteirinho, não tem uma velha mais velha do que ela...", pensava o menino, espiando por detrás da cortina da sala de jantar.

Debruçada à janela, como se ansiosa por qualquer novidade que fizesse os seus dias menos quietos, Dona Menina olhava a rua de um lado para o outro, com os cotovelos apoiados no parapeito, onde repousavam as franjas do xale que sempre vestia, quer fosse verão ou inverno.

Pedrinho não entendia por que ela nunca saía dali.

"Vai ver ela gosta de ficar vendo a gente para se distrair. Fica tão sozinha na janela, nunca tem ninguém ao seu lado..."

Também, ele achava muito estranho alguém da idade dela ter o nome de Dona Menina.

"Será que ela já nasceu velha assim? Será que nunca foi menina? Será que só veio ao mundo para ser Dona Menina velha mesmo?"

E Pedrinho tanto cismava no que será-será, que vivia a espreitá-la de todos os cantos de sua casa: da porta de seu quarto; da escada do sótão; dos basculantes da cozinha; e do degrau que conduzia à garagem. Um dia, quando estava escondido nos galhos da mangueira que dava uma sombra gostosa na sala de jantar — o lugar preferido para vê-la melhor —, ele levou um baita susto.

— Ei, menino, vem cá. Quero falar com você.

Pedrinho quase caiu.

— Eu?

A velha apontou para o portão.

— É, você, sim senhor. Pula deste galho e entra. Está aberto.

Obra de Rosane Villela

O menino não sabia o que fazer. Ele nunca tinha visto a Dona Menina sorrir e estava com medo. Ficou, então, como estava antes, no galho, sem se mexer, observando-a e esperando o sorriso dela lhe chegar, para tomar uma decisão. No entanto, o que viu foi a velha olhando a rua novamente. Suspirou aliviado e achou que ela o esquecera. Desceu do galho com cuidado, entrou na sala, passou por debaixo da mesa, alcançou o corredor e, quando já ia correr para se esconder no banheiro, ouviu a sua voz.

— Volta, garoto. Não me ouviu chamá-lo? Não posso ficar esperando eternamente.

Pedrinho paralisou. Ele jamais tinha prestado atenção em como a sua voz era rouca e medonha.

"Como era possível ela se chamar Dona Menina, sendo, além de tão velha, dona de uma voz daquela?"

Apanhando a lua...

— E aí, menino? Vem ou não?

A voz cavernosa, mais alta desta vez, o fez decidir-se. Pedrinho disparou para o seu quarto, com o Tobi atrás, latindo e pulando, num tempo apenas para que ele logo conseguisse se enfiar nas cobertas da cama.

"Ai, ai, e agora? A mãe tinha saído para a mercearia e Dona Menina estava a caminho. Onde já se viu deixar adulto falando sozinho, ainda mais adulto com tanto cabelo branquinho? O que vou fazer? Ela já deve estar chegando aqui... Vai, Tobi, late!"

E Pedrinho tanto se encolheu, que acabou dormindo. Quando acordou, viu que seu cachorro não estava mais com ele e ouviu um barulho que vinha da cozinha. Seria a velha? Saiu devagarinho do quarto, encostando o corpo na parede do corredor, deslizou no chão de cerâmica

Obra de Rosane Villela

para debaixo da mesa e, quando corria para a cozinha para fugir pela porta dos fundos, soltou uma exclamação feliz, ao ver a mãe que guardava as compras no armário. Abraçou-a com força e, depois, perguntou:

— Você viu a velha, mãe?

— Claro, filho. Quem não a vê?

— E ela continua no mesmo lugar?

— Lógico, oras. Onde mais acha que ela deva estar? Que mania de ficar perguntando sempre a mesma coisa sobre a velha! Senta aí que já vou preparar sua comida.

— Mas, mas... agora não posso comer. A Dona Menina vai me ver.

— Dona Menina?

— É, mãe, ela — apontou Pedrinho.

Dona Lurdes sorriu. O filho tinha cada ideia! Árvore que se desmanchava de frio por causa das folhas amarelas, que precisaram viajar com os lápis coloridos para outro país; menino que dormia em lago para ficar apanhando a lua; moça de cata-vento que voava para se casar com a nuvem da montanha; e, por último, esta história da velha com nome de Menina. Como era que um simples quadro, dependurado na parede da sala de jantar, causava tanta imaginação?

— Vem almoçar, filho. Deixa a velha em paz.

— Viu, Dona Menina? Foi a mamãe quem me chamou pra comer. Não posso conversar, fica pra outra vez, tá?

Dona Lurdes balançou a cabeça. Dona Menina fechara a sua janela. No quarto do filho, um xale bege, de franjas, descansava sobre a cama.

Obra de Rosane Villela

A sombra e a menina

A sombra acorda, rasteja-se, vira-se e leva um susto. Aninhada a sua frente, uma criança gargalha, em malícia concentrada. É linda; o riso largo e edulcorante, os cabelos negros encaracolados, os olhos...

"Ai! Parece que ela vai cair em cima de mim. Vou ficar atenta. Linda e travessa, é melhor eu me prevenir."

A menina a provoca, e a sombra finge que não a toca. Mas ela insiste.

"E agora? O que ela está fazendo? Fica dando voltas o tempo inteiro e para de repente, sem nem ao menos me avisar. Estou tão tonta, tão cansada..."

— Vamos, amiga, mais uma vez! Deixa eu lhe mostrar.

"Outra vez? Quantas mais?!?"

— Desse jeito, não. Assim, olha.

"Como ela não se cansa? Com este calor e ela, aqui, neste solão. Por que ela não vai para casa se refrescar? Por que não toma um banho gostoso para eu me deitar? Mas NÃO! Essa maluca só sabe se agitar. Lá vem ela de novo, lá vou eu na brincadeira e..."

— Lá vai o patinho, *quá-quá-quá*, o cachorro latindo, o fantasma, *buuuu! Buuuu...* diz! Para! Brincadeira chata. Quero você soldada.

A sombra arregala os olhos.

"Soldada? Vou ter de passar o resto de minha vida aqui, grudada neste cimento duro do pátio? Por favor, nãããão..."

A menina olha para a sombra, séria.

— Pronta, soldada? ATENÇÃO! Sentido! Continência! Agora, agacha. Estica as pernas para trás. Senta, levanta. Direita, esquerda, volveeer!

Obra de Rosane Villela

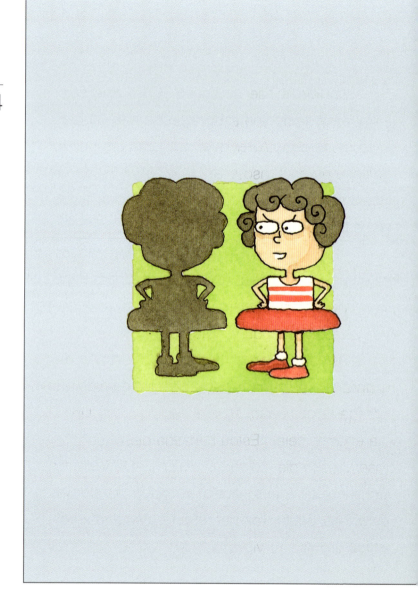

"Ufa! Melhor ser soldado do que soldada. Só me faltava mesmo essa. Mas que esta menina é bonita, é. Bonita, sim, mas mandona. Ainda bem que ela se cansou..."

Suada, a menina descansa no banco, mas, segundos depois, torna a procurar a amiga.

— Vamos brincar de pique-esconde? Tá na hora.

"Xiii, como me livrar dessa? Sempre a mesma coisa. Eu tanto queria uma caminha para sonhar... Sonhar que sou real e constante. Não esta sombra de idas e vindas, que corre para não ser esmagada e vive para alcançar as pegadas. Uma lista enorme delas. Estou cansada disso tudo, já disse que um dia..."

— Vamos, preguiçosa, vamos logo, senão não vai dar tempo — fala a menina. — Eu conto, tá? 1, 2, 5, 6. Até 20, viu? Mas não vale sair do pátio.

Obra de Rosane Villela

"Que maçada! Ainda por cima não sabe contar direito. É 1, 2, 3, 4, 5, 6, 7..."

— 8, 9, 14, 15, 17... Tá chegando o 20, ouviu?

"O que vou fazer? A doidinha insiste na brincadeira, desfilando os números de qualquer maneira. Será que ela não vê que não é isso o que eu quero?"

— 18, 18 e meio, 19...

"Meu Deus! Que trato de sumiço meu é esse, em plena hora de sol a pino? Assim não dá para eu correr..."

— 20! Já voooouuu!

E a menina sai a galope pelo pátio.

E a sombra contida gargalha.

Sombra desengonçada.

Nos olhos de jabuticaba...

Apanhando a lua...

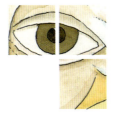

Obra de Rosane Villela

A dona dos bobes no cabelo

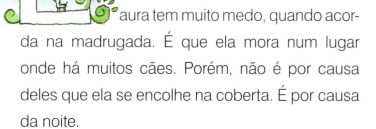

Laura tem muito medo, quando acorda na madrugada. É que ela mora num lugar onde há muitos cães. Porém, não é por causa deles que ela se encolhe na coberta. É por causa da noite.

Mas o que tem a ver os cães com este seu medo da noite?

Primeiro, a menina sabe que latido de cachorro na madrugada faz a noite despertar, deixando-a com aquela raiva que engole mais breu ainda.

Segundo, ela tem certeza de que, zangada, a noite não consegue voltar a dormir, e fica se remexendo pra lá e pra cá, só esticando o lençol do escuro no além do além.

E, terceiro, Laura desconfia que a tal dona enfia os chinelos, arromba a portinhola de sua casa e sai voando por aí, sem rumo certo. Até descobrir os bichos barulhentos para fazê-los calarem, antes de voltar a se aquietar de novo.

Entendeu? É por isso que a Laura se encolhe debaixo das cobertas e fica paradinha, ouvindo os barulhos que a noite faz, estalando os tacos da casa, abrindo e batendo portas, e uivando nas janelas...

Mas, uma vez, ela não ouviu nada e, ao respirar fora dos lençóis, quase morreu de susto. A noite estava em seu quarto, flutuando, de camisola longa de flanela esfumaçada, xale com franjas até o chão e chinelos *tlec-tlec-tlectantes!* Uma dona com bobes ENORMES apenas na parte da frente da cabeça, que tinha o maior cabelo pretão que ela jamais tinha visto na vida, todo solto no negrume daqueles latidos...

Bem que a menina fingiu que não a percebeu, mas não adiantou. Com as mãos nas cadei-

Obra de Rosane Villela

ras e um vozeirão de fim de poço, ela exigiu uma explicação:

— Onde você escondeu a saída? Estou perdida há horas por aqui, e o uivo dos bichos está me deixando louca. Até as minhas estrelas ficaram mais pontudas, me espetando e me dando uma tremenda dor de cabeça. Está vendo? Olha para mim e me diz logo onde é que você escondeu a saída, me diz, onde?

— Não escondi nada, não — disse Laura, com o travesseiro na cabeça e o canto do olho, guloso na imaginação, sem querer olhar para ela.

— Acha que vou acreditar nisso? — respondeu a cabeça pontuda. — Acha que sou burra, é?

A menina deu uma olhada na escuridão, para tentar descobrir se tinha um jeito de convencer a medonha de que ela estava dizendo a verdade. Mas quando a viu crescendo, transformando-se

Apanhando a lua...

Obra de Rosane Villela

num monstro pior, com mil estrelas agoniadas pontilhando o pavor que ela era, vestiu a cabeça com a fronha do travesseiro e continuou:

— A senhora faz o seguinte: sai do meu quarto, desce as escadas, vira à direita e anda reto sem virar. Tem uma saída aí, mas não pega ela, não. A saída vai pra lavanderia, que é fechada. Anda só reto que vai dar numa sala grande. Tem três portas nela. Não passa pela porta do meio, não. Ela dá na biblioteca. Esquece também a da esquerda...

— Você quer me enganar? Vai me dizer a porta errada, é?

— Não, dona noite, é que as portas do meio e da esquerda não dão para a saída. Escuta, vai pela porta da direita, que fica mais fácil. Aí, anda mais um pouco, vira pra este lado da minha mão aqui, olha. Vira, mas cuidado, tem degraus, se-

Apanhando a lua...

não cai. Aí, abre a porta. Bem assim em frente, não tem erro. É a saída certa, entendeu?

E quem disse que a noite entendia? Com as sobrancelhas cerradas e negras, franzidas num escuro mais enterrado ainda, ela resmungou:

— Está brincando comigo, garota? Com esta sua explicação maluca, não vou mais conseguir voltar para a minha casa, tão escurinha e gostosa para dormir. Onde estes cachorros se meteram? Ahhh! Estou exausta. Levanta daí, vai, vai, levanta daí e trata de resolver o meu problema. Senão... Está surda? Chispa, vai! Fico aqui no seu lugar, até eu me desvirar.

Quando Laura viu que a dona dos bobes no cabelo ia se enfiar nas suas cobertas, tratou logo de escapulir dali e correu para fora de casa, para tentar acalmar a bicharada que disputava cantoria com o Lobisomem. Ela sabia que, apesar de lua cheia ser terrível — por causar desafio de garganta entre os bichos —, barriga vazia era muito pior. Com toda certeza, logo que ela lhes oferecesse comida, eles se amansariam, parariam de latir e o sossego seu e o da velha estaria garantido.

— Pronto. Quietinhos. A dona da noite não quer mais saber de barulho, ouviram? Eu também não quero. Estou com um sono...

E, então, com os olhos pesadões, todos flutuaram, flutuaram, flutuaram...

Apanhando a lua...

35

Obra de Rosane Villela

As bonecas

oisa esquisita aquelas bonecas, vestidas de países, que a mãe tinha trazido da Europa. Ficavam trancadas na prateleira. Lindas e consentidas, espanando a vida.

Como seria, se empoeirassem a imaginação? Poderia casar a chinesinha com o *cowboy*, trocar a roupa da holandesa com a da africana, arrumar o esquimó de botas pretas para a espanhola e fingir que os filhos do casal mexicano sempre têm seus pais por perto...

Bem que poderia, mas só até a sua travessura ser descoberta e lhe dizerem que, além dos pares não combinarem, a espanhola jamais tivera pretendentes. Fora trazida, exclusivamente, para preencher o canto da estante.

A mãe dizia que a espanhola ficava linda naquele lugar, com o corpo alto e esguio no vestido de dançarina, com um leque em uma das mãos e, na outra, algo que ela — quando chamava a sua atenção, ao ver as castanholas nas mãos da boneca filipina — repetia e repetia ser o "objeto de trabalho" da boneca. Por isso, nunca deveria sair das mãos dela. Que pena! Tão majestosa com o seu véu de renda e tão sozinha com suas castanholas...

Mas com a sua boneca de plástico não havia queixas. Era uma boneca cheia de nãos. Não era bonita, não tinha cabelo, não era do estrangeiro e, principalmente, não vivia dentro da estante. Poderia inventar o que quisesse, até casá-la com um russo ou um irlandês, sem perigo de divórcio ou anulação por justa causa. Poderia também levá-la para a praia. Como quis e como foi um erro. Acabaram juntas, embrulhadas por uma onda rasteira, e, quando ela pôde finalmente retomar o fôlego, viu que a Netinha (era assim que

Obra de Rosane Villela

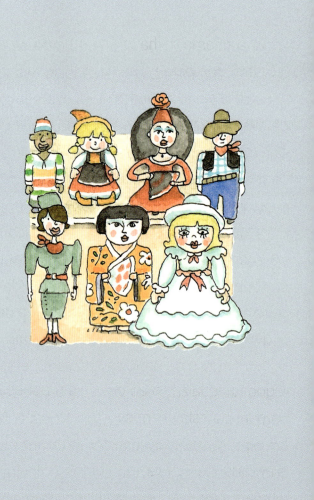

o pai a chamava) havia se afogado. Perdera-se naquele mar, para sempre longe de seu carinho.

Foi após esse incidente que deduziram que ela deveria ganhar somente jogos, corda de pular, bola para queimado. Um tempo sem aconchego no peito.

Depois, a mãe viajou com o pai para os Estados Unidos e trouxe a Linda, com seus dois palmos de altura, de boina na cabeça, de salto alto e tudo. Ao ver a filha desconfiada e com medo, o pai contou que a Linda era aeromoça, e que ela poderia brincar sossegada, pois teria somente um céu doce embrulhado em flocos de algodão, igualzinho ao céu que a boneca avistava quando estava em serviço, no avião. Mas não foi o que aconteceu. Em seu primeiro pouso, no *play*, quando estava toda orgulhosa em ter uma boneca como aquela no colo, roubaram-na. E

Obra de Rosane Villela

fizeram isso quando ela teve que sair correndo para o banheiro, esquecendo-a, naquela urgência, em cima de um banco.

Não tinha mesmo sorte com as bonecas.

A tia de São Paulo, com muito dó, trouxe-lhe uma que ela guardava desde pequena. De porcelana. Com vestido, chapeuzinho e sapatinhos brancos com tirinhas que abotoavam do lado. Não tinha nome ou não se lembrava do nome, ela afirmava, acrescentando que a sobrinha poderia, além de batizá-la, brincar à vontade e sem preocupação.

Não conseguiu. Não quis. Não tentou. E se quebrasse?

Melhor deixá-la, segura. Ali, aos pés da cama. Anjo vigilante.

Apanhando a lua...

41

Obra de Rosane Villela

Ele calçava lâmpadas

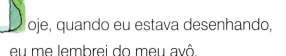

oje, quando eu estava desenhando,
eu me lembrei do meu avô.

Um dia, ele me disse
que eu tinha me esquecido do menino
na palavra que eu estava escrevendo.

Aí, eu respondi:
"Ô, vô, a palavra *omem* não tem menino, não".

Então, ele sorriu, pegou um papel,
formou a letra H bem grande
antes do *omem* e falou:

"Olha, Marcinha,
no H do *Homem*
sempre tem um menino.
Este daqui calça lâmpadas de Aladim".

Apanhando a lua...

Ele fez um desenho tão bonito...

Aposto que o menino era mágico,
porque o sol dele não era amarelo.

Era vermelho,
como o mar de lama da terra do meu avô.

E ele caminhava engraçado:
os pés para a frente, a cabecinha para trás.
(Vai ver a cabeça também ardia de desejo de
ver o avô, roxinha de tão vermelha a vontade.)

Mas o menino não ficava triste.
Ele sabia que o avô o esperava,
na porta de sua casa,
até ele chegar de viagem,
para passar as férias lá.

Obra de Rosane Villela

Logo eles estariam juntos,
novamente, para desenhar
no H do *Homem*,
o sol,
o mar de lama,
Aladim,

tudo passarinhando
nas asas de uma exclamação...
ai, ai...

Obra de Rosane Villela

Olhos que nos espiam

arcinha foi com sua turma
para um museu cheio de quadros.

Tinha tanta gente,
tanta coisa bonita para ver,
tantos quadros,
tanto tantos,
que Marcinha quase perdeu a respiração.

E foi na frente de um quadro todo azul
que ela não quis arredar o pé.

Era um azul
mais azul
do que a ponta
azul
do lápis,
todinho azul,

Apanhando a lua...

que o avô lhe tinha dado,
para ela colorir o mar de lama da terra dele.

A professora bem que insistiu
para ela se juntar aos amiguinhos,
mas não adiantava.

"Olha, tia, você não vê
o que foi pintado aqui?"

A professora não via.
Mesmo assim, sorriu e disse
que o quadro era muito belo.

"Não é isso. É este pontinho azul.
Olha, ele é o começo de tudo."

A professora novamente sorriu,
mas a menina sabia que ela não o via,
por isso, insistiu:

Obra de Rosane Villela

"O pontinho corre daqui,
e é como uma força aberta
que a gente sente no coração,
entende?".

Dessa vez, a professora balançou a cabeça.
Entretanto, Marcinha ainda podia sentir
que ela não compreendia.
Então, suspirou:

"Assim não vale. Tem que acreditar!".

E foi assim que o coração da tia
escapuliu...

para o deserto azul.

Apanhando a lua...

49

Obra de Rosane Villela

Um pedido de lágrima

a terra do meu avô chove muito.
Por isso, lá tem um mar de lama que faz
o sol ficar vermelho, quando ele aparece.

Colori o mar, mas não adiantou.

A ponta azul do lápis,
que o vovô tinha me dado,
molhou.

E o mar de lama voltou.

Chovia e eu chorava. Tanto e tanto,
que nem a chuva parava.

Falei para o vovô que não gosto de chuva,
que não gosto de mar de lama,
nem de sol vermelho.
(Meu sol é amarelo, amarelo, amarelo!)

Apanhando a lua...

Ele me disse para não reclamar e rezar.
Até a chuva parar.

Fui, então, para o meu quarto,
me ajoelhei na frente de nosso Senhor,
e pedi assim:

"Nosso Senhor, faz a chuva voar,
faz o sol pintar céu no mar,
faz o mar não escorregar".

Acho que pedi com muita força,
porque uma lágrima minha caiu.

Acho que ela caiu, quando eu dizia:
"Pai nosso que estais no Céu,
clareia ele pra mim".

Parece que Deus gostou.

Meu sol apareceu lá fora

e

o mar de lama foi embora...

Apanhando a lua...

Obra de Rosane Villela

Pássaros azuis

Quando minhas férias terminam,
é o meu pai que vem me pegar, à noitinha,
depois de seu trabalho.
E, aqui, na terra do vovô,
ele fica tão engraçado.

É que o papai, logo que sai do carro,
corre pra lá e pra cá,
como se fosse um beija-flor.

Meu avô fica tão feliz!
(Posso até ver o pontinho dos olhos dele
ficar igual ao pontinho daquele quadro todo azul
que mostrei, um dia, para minha professora.)

Daí, depois que papai pousa no varal
e pendura a sua gravata listrada,

ele voa para mim e me pergunta assim:
"Vamos juntos, nós três,
catar luas verdes com dedos de jardim?".

Papai nem espera eu responder.
Puxa o vovô e sai correndo com ele,
me deixando ali, sozinha...

Bem que eu choro, esperneio e grito
que aquela brincadeira é

CHATA,
BOBA
e FEIA.

Porém, eles nem ligam.
Continuam brincando e brincando.
Tanto, que me canso e paro de reclamar.

Obra de Rosane Villela

Então, para não continuar cansada
por ficar fazendo nada,
eu começo a correr com eles.
(Demora até um bocado para eu achar graça
no que fazemos, pode acreditar.)

Mas quando sinto que consigo ter dedos de jardim,
nem sei por que volto a chorar.

Só quando papai e vovô me abraçam,
eu, finalmente, entendo.

No H do *Homem,*
o menino mágico que calça lâmpadas de Aladim,
tinha um outro H:

o H de uma *História* que ele carregava, escondida,
para que eu a colorisse
verde
como as luas...

Apanhando a lua...

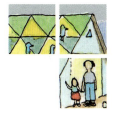

Obra de Rosane Villela

O menino que tinha o mar dentro de si

Quando o menino nasceu, e Serena viu os seus olhos, ela suspirou e exclamou:

— O mar...

Por isso, aquele bebê, de olhos grandes e azuis, chamou-se Omar.

Mas Omar cresceu sem conhecer a imensidão de que sua mãe falava, porque jamais havia saído de sua terra. Ele vivia no topo da Serra da Alegria, um lugar com o qual nem o mais alto voo de pássaro podia competir, tão perto do céu que estava. Imensidão, para ele, era o que via de sua casa que ficava no morro da Formiga, assim chamado por causa do formato de formigueiro que tinha.

Havia dias que o azul engolia o seu fôlego, tão bonito que ficava ao contar histórias. Uma vez, era a história da nuvem-rei que passeava com a sua rainha pelo bosque da Chapeuzinho Verme-

Apanhando a lua...

lho, escoltadas pelo dragão-de-guarda do palácio onde moravam; outra vez, era a do príncipe que se ajoelhava perto da princesa adormecida para pedir a mão dela; e, finalmente, a da bruxa disfarçada de arco-íris, que transformava, com o vento, o dragão em sapo, o rei em lobo mau, a rainha em Cinderela, o príncipe em Aladim e a princesa adormecida em anã. Serena se divertia com a imaginação de Omar, no entanto, sempre afirmava que a imensidão do mar narrava histórias mais belas ainda, porque banhava gente no seu azul. E só a cor dos olhos de Omar conseguia ser igualzinha a sua belezura.

O menino não entendia direito. Como alguém poderia ficar todinho azul só se molhando no tal do mar, se ele nunca conseguira ficar de cor nenhuma quando caía no lago de peixes do Seu Jurandir? Omar achava que era porque o

Obra de Rosane Villela

lago era barrento; todavia, ele continuava a não entender direito o que a mãe dizia. Mas logo se esquecia de tudo, quando ela o pegava no colo e falava que ele tinha o mar dentro de si. Cheio de peixinhos, cavalos-marinhos, uma porção de esponjas, estrelas, ouriços e outras coisas mais. Um dia, ela disse que tinha visto uma menina parecida com ela quando criança, bem na parte de cima dos...

— Ô, mãe, até uma menina parecida com você?

— É, filho, ela está aqui, neste canto escondidinho do seu azul, perto dos cílios. E ela chama-se Serena também. Acabou de me contar que o nome foi escolhido pela mãe que a embalava numa cadeira de balanço. Ela me disse que a mãe dela escolheu o nome de Serena porque ela era muito tranquila.

Omar, apesar de não compreender, acreditava nela, pois, quando a mãe falava, era de um modo tão especial, com tanta saudade e amor, que ele só podia mesmo acreditar. E, então, ele foi crescendo... Com a saudade da mãe pelo mar que ele tinha dentro de si.

Carregando peixinho, cavalo-marinho, esponja, estrela, ouriço, a menina escondida nos cílios.

Suspirando, como a mãe, quando avistava a imensidão azul do morro onde morava.

E ficando triste, triste, triste.

Preocupada com o filho, Serena resolveu dizer a Omar que tinha aparecido um tesouro, dentro do olhar dele.

— Um tesouro, mãe? Tem certeza? Como nunca viu antes?

— É que ele estava disfarçado, com um monte de coisas por cima. E a menina Serena era quem tomava conta e não o deixava aparecer, para que fosse revelado somente na hora certa. Ela me contou que, dentro dele, tem bonecas de porcelana, com sapatos de tirinha de abotoar, bola de jogar queimado, um sapo de pano furado, corda de pular, vestidos de festa, bambolês, passarinho empalhado, estilingue, bolas de gude e, lá no fundo, um jardim com uma cadeira de balanço. Ela me falou que fica horas sentada, no colo da mãe, escutando histórias que a mãe dela diz serem histórias que cabem num olhar. Histórias parecidas com estas que eu conto para você.

— E o que aconteceu com a menina?

Serena respondeu-lhe que, isso, ele teria de descobrir. E que a resposta estava dentro deste tesouro, que era maior do que qualquer um que já existira.

— Mas, mãe, se você sabe disso, por que não abre ele para mim?

— Meu bem, eu só sei dele pela menina Serena que está dentro de você, mas, para abrir o tesouro, é preciso encontrar a chave. A menina Serena não tem mais a chave, porque ela não precisa mais dela. Me disse que a deixou para você agora.

— Para mim?!?

— E não é você que tem o mar dentro de si?

Omar pulou de seu colo e arregalou os olhos. O dono da imensidão azul mais bela do mundo era ele! Então, o tesouro maior que já existira era dele, e a chave era sua também. Mas onde estava a chave? Como abrir o tesouro?

Omar, de "triste", passou a "ocupado". Ninguém conseguia falar com ele. Tudo que era azul era revirado, de trás, cambalhota, frente, lado, de tudo que é jeito. Mas nada de o menino ter

Obra de Rosane Villela

Apanhando a lua...

Obra de Rosane Villela

sucesso em sua busca. Até que ele teve uma ideia.

— Já sei. Tá no morro! Vou voar pra achar...

Apesar do susto, Serena só retrucou:

— É perigoso, filho. Vem cá. Deixa eu ver se o mar dentro de você fala comigo novamente.

E Serena passou um bom tempo olhando Omar.

E passou a contar o que via. O mesmo de sempre. A mesma saudade. O mesmo amor.

E o menino podia sentir a emoção da mãe com tanta intensidade e verdade, que a imensidão azul dele começou a fechar, fechar, até ele dormir e sonhar...

Foi um sonho curtinho, mas muito forte, pois Omar, quando acordou, lembrou dele todo.

No sonho, ele mergulhava fundo até chegar pertinho de uma casa que era muito igualzinha a sua. Quando ele ia tocar a campainha, uma menina de olhos verdes, que disse chamar-se Serena, apareceu e lhe avisou que, para achar a chave, era preciso que ele prestasse muita atenção ao barulho que carregava dentro de si. Que só assim ele conseguiria abrir o tesouro. Depois, a menina sumiu.

Omar bem que tentou ir atrás dela, apertando o sono no olhar, mas viu apenas a sua mãe debruçada sobre ele, com os mesmos olhos que ele tinha visto na menina Serena. Olhos verdes que o banhavam de peixinho, cavalo-marinho, esponja, estrela, ouriço. Olhos verdes que lhe mostravam, também, as bonecas de porcelana com sapatos de tirinha de abotoar, bola de jogar queimado, um sapo de pano furado, corda de pular, vestidos de festa, bambolês, passarinho empalhado, estilingue...

Obra de Rosane Villela

Era tanta coisa que ele via nos olhos da mãe, que se assustou. Pensava que só ele tinha o mar dentro de si, e que só ele poderia chegar às coisas da menina. Como a mãe conseguira alcançá-las, se os olhos dela eram verdes e não azuis como os dele? E com que chave ela abrira o tesouro da menina? A chave não era para ter sido dele agora? Que tesouro do mar era este, que deixava outra pessoa possuí-lo sem chave nenhuma? Afinal, não era ele o dono?

Serena sorria e Omar espremia os seus olhos nos dela, tentando compreender. Tanto o fez, que o barulho que a menina Serena lhe tinha avisado para escutar explodiu dentro de si. E, com ele, veio o som do mar e a visão de uma menina que escutava histórias no colo da mãe, sentada numa cadeira de balanço que ficava num jardim. Uma criança que, como ele, ouvia histórias que cabiam no olhar. Então, Omar entendeu.

A menina Serena era a sua mãe. O amor pela saudade que ela sentia também lhe pertencia, assim como pertencera, à Serena, o amor pela saudade que sua avó sentira. A chave que abria o maior tesouro da vida sempre estivera com ele. Bastava amar e saber olhar...

Obra de Rosane Villela

História desejada

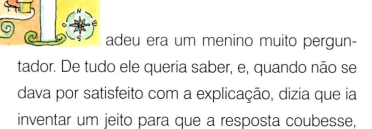

Tadeu era um menino muito perguntador. De tudo ele queria saber, e, quando não se dava por satisfeito com a explicação, dizia que ia inventar um jeito para que a resposta coubesse, certinho, no buraco da dúvida que tinha.

Podia isto?

Com ele, podia sim.

Um dia, viu a avó — que desejava ser escritora — sentada à mesa de trabalho, com o olhar mais desencontrado do mundo. Tão desencontrado que ela até parecia vesga. Se fosse qualquer outro olhar, como os que ela costumava lançar a distância sem ver, quando grudava na ideia da escrita, e que ele bem conhecia, ele não ligaria. Mas a avó, dessa vez, parecia perdida, e seu olhar estava onde "Judas perdeu as botas". Era preciso fazer alguma coisa.

— Vó! Vó!

Mas a avó, como se não tivesse percebido a sua presença, não respondia.

— Vóóóóóóóóó!

Finalmente, a avó tremeu e exclamou:

— Que susto, menino! Esta é maneira de me chamar? O que aconteceu?

— O que aconteceu, vó? Eu que pergunto. Tá triste? Doente? Quer que eu chame o médico? Por que tá assim? Tem cisco nos olhos? Quer que eu sopre? Onde está o colírio?

A avó sorriu como sempre fazia quando Tadeu lhe vinha com uma enxurrada de perguntas. Contudo, como ela nada dizia, ele aboletou-se em seu colo e segurou o seu rosto com as duas mãos.

— Já estava ficando nervoso, vó, por isso, gritei. Nunca vi seu olhar tão longe assim. Tão longe que eu nem conseguia pegá-lo...

Obra de Rosane Villela

A avó, aquecida pela ternura do neto, disse:

— É que eu estava aqui pensando e não o tinha visto...

— Perdeu o rumo da vista, é? Liga não, vó. Eu vou lhe ajudar!

A avó, então, vendo a determinação de Tadeu, perguntou:

— Quer dizer que o meu netinho, agora, além de perguntador, virou solucionador?

Tadeu cruzou os braços e baixou a cabeça. Era o sinal de que estava à procura de uma resposta para alguma dúvida que tinha. A verdade é que ele não sabia bem direito o que era *solucionador*. Achava que a palavra era só mais uma, entre as várias, que a avó criava. Coisas de uma tal de uma literatura, como ela sempre repetia, quando alguém afirmava para ela que a palavra não existia e ela cismava que sim — pensava o menino, que franzia e franzia a sobrancelha, cada vez mais encolhido em si mesmo, tentando achar um jeitinho para que o buraco da sua dúvida sobre a palavra coubesse certinho no que estava inventando. E, quando a avó ia lhe perguntar sobre o que estava ruminando, Tadeu pulou de seu colo para o chão, deu um grito de "ACHEI!" e, com uma expressão de convencimento já sabido por ela, afirmou:

— Virei isso não, vó! Sou PER-GUN-TA-DOR, e não SO-LU-ÇO-NA-DOR. Seu olhar é que está com SO-LU-ÇO-NA-DOR. Por isso, você está assim... Mas eu não disse que ia lhe ajudar? Sei fazer a dor do soluço ir embora.

— Dor do soluço no meu olhar?

— É, agora entendi por que o seu olhar tá tão desencontrado. Ele anda pulando que nem cabrito por causa dos soluços. Coitado,

Obra de Rosane Villela

nem sabe pra onde ir... Perdeu mesmo o rumo e não encontra o caminho de volta. Vem cá, vó, vem ver como está o seu olhar no espelho da sala.

A avó levantou-se e, segurando a mão de Tadeu, deixou-se conduzir até o espelho, onde se mirou. Daí, sorriu e disse:

— É verdade, Tadeu, meu olhar está pulando que nem cabrito. Coitado...

— Mas por quê, vó? Por quê? O que fez ele ficar desse jeito, soluçando de dor e se perdendo de mim?

Puxando Tadeu para a cadeira de balanço, que ficava num canto, e aninhando o neto em seu colo novamente, a avó explicou:

— É que o meu olhar, querido, não consegue achar uma história para eu escrever. Uma história que sirva para a chegada do Ano-Novo.

Apanhando a lua...

Tudo que penso, empaca ou explode. Os tempos andam difíceis...

O menino olhou para ela e, mais uma vez despencando de seu colo, falou:

— Peraí, vó. Eu não disse que ia lhe ajudar? Fica aí que eu vou pegar, no meu quarto, a bússola pra anjo perdido que fiz, quando a mãe foi se encontrar com o pai lá no céu.

Porém, antes que Tadeu pudesse sair de perto dela, a avó segurou-o pelo braço:

— Que ideia, menino! Bússola pra anjo perdido?

— É, vó, é isto mesmo. Bússola pra anjo perdido. Fiquei sabendo que só os anjos podiam ir até o céu. Os vivos, não. Então, inventei essa bússola. É para o meu anjo não se perder, quando for visitar, por mim, o papai e a mamãe.

Obra de Rosane Villela

— E o que meu olhar tem a ver com essa história, Tadeu?

— Ora, vó, vai ver o seu anjo, quando foi atrás do seu olhar, acabou se perdendo também, de tanto que ele pulava que nem cabrito. A bússola vai ajudar. Acredita, vó, me larga o braço, me deixa ir...

Tadeu não completou a frase, entretanto, porque, como a avó continuava a segurá-lo pelo braço, sem nada dizer — e por um tempo que lhe pareceu muitas e muitas horas —, ele pensou que o olhar dela poderia se perder de vez e levá-la junto. Então, com medo de que ela não voltasse mais, repetiu, de um modo muito apressado, o que, antes, lhe dissera:

— ...olhar... cabrito... anjo... atrás... perdeu... — entendeu? — ... soluçando... ito...dendo ele.

Mas não adiantava. Ela continuava com a mesma expressão, enquanto ele repetia, e repetia, e repetia. E a avó mostrava uma expressão tão perdida, tão "onde o Judas perdeu as botas" — um lugar em que ele nunca conseguiria chegar —, que Tadeu começou a chorar.

— Diz alguma coisa, vovozinha querida. Olha, fiz a bússola pra uma precisão. Mas você pode fazer uso dela pra outra, se você quiser. Volta, vó! Eu quero o seu olhar de sempre! Quem sabe, até o mundo da pá virada, como você mesma diz, não melhora também, quando todos acharem os seus anjos? Vamos, vó, para com essa cara de abobalhada. Bota a bússola na mão. Fecha os olhos e deixa ela trazer o seu anjo. Você vai ver, loguinho o seu olhar volta. Então, você vai conseguir escrever o que quer.

Foi assim que, emocionada, a avó olhou para Tadeu, e ele soube que o olhar dela tinha retornado para ele. Com o neto no colo, e sentada à mesa de trabalho, ela o abraçou e disse:

— Fica aqui comigo, meu amor. Juntos, tudo podemos. Vamos ficar, só nós dois, com a sua bússola. Algo me diz que ela já encontrou o meu anjo, e que ele está trazendo tudo que a chegada de um Novo-Ano merece. Eu e o resto do mundo é que não sabíamos disso...

Apanhando a lua…

"Não é de hoje
que a Rosane Villela
mete a navalha no verso.
E a Rosane sabe
se meter na poesia
com tanta delicadeza,
com tanta fúria,
com tanta leveza,
com tanta sedução,
que dá vontade
de entrar nos livros dela
e passar um tempo lá dentro,
de coração disparado,
mas sem pressa,
saboreando cada palavra,
cada imagem, cada linha,
realmente sem pressa,
com aquela disponibilidade
que é essencial para a beleza."

Márcio Vassallo